INDEPENDENT AND UNOFFICIAL BOOK

MINECRAFT
마인크래프트
건축 장인 세계 여행

INDEPENDENT AND UNOFFICIAL BOOK

MINECRAFT
마인크래프트
건축 장인 세계 여행

월 제웟, 조이 데이비
다시 마일스, 줄리엣 스탠리

차례

》 마인크래프트로 이제 세계 여행을 떠나 보세요!   6

》 마인크래프트 세계 지도   8

오! 놀라운 아프리카
》 고대의 신비로운 모습을 간직한 대륙   10
》 난이도 쉬움: 영원한 기념비   12
》 난이도 중간: 고대 무덤   14
》 난이도 전문가: 우아한 궁전   18

경이로운 아시아
》 아침 해가 먼저 떠오르는 곳   22
》 난이도 쉬움: 안마당 정원   24
》 난이도 중간: 사원의 탑   26
》 난이도 전문가: 멋진 도시 경관   30

색다른 멋을 지닌 유럽
》 아름다운 풍경 동화의 나라   34
》 난이도 쉬움: 째깍째깍 시계탑   36
》 난이도 중간: 오두막 별장   38
》 난이도 전문가: 프랑스풍 저택   42

환상의 오스트랄라시아

》 지구 반대편 호주와 뉴질랜드　　　　46
》 난이도 쉬움: 바닷가 작은 집　　　　48
》 난이도 중간: 야외 공연장　　　　　50
》 난이도 전문가: 땅속 광산　　　　　54

기운 넘치는 아메리카

》 신대륙에서 펼치는 도전과 모험　　58
》 난이도 쉬움: 미국식 식당　　　　　60

》 난이도 중간: 붉은 현수교　　　　　62
》 난이도 월드 클래스: 고지대 공중 도시　66

》 용어 사전　　　　　　　　　　　　72

마인크래프트로
이제 세계 여행을
떠나 보세요!

여러분이 세계 여행 경험이 있든 없든 간에, 이번에는 마인크래프트로 세계 여행을 할 거예요. 아직 마인크래프트를 경험해 보지 않았다면, 지금 당장 프로그램을 내려받으세요. 서바이벌 모드로 어떤 게임인지 살펴보고, 크리에이티브 모드에서 건축을 해 보세요. 그러고 나서 다시 여기로 돌아와 함께 여행을 떠나는 거예요.

자, 안전띠를 확인했나요?
지금 이륙합니다. 출바알~!

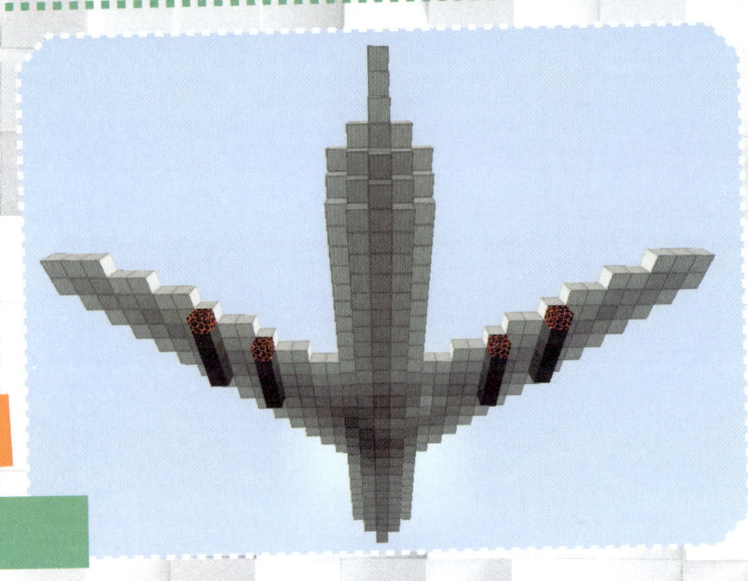

《 전문가가 되는 방법 》

마인크래프트는 창의적이고 독창적인 건물을 짓고 싶어 하는 사람들에게 무한한 가능성을 제공합니다. 이 책은 건축 전문가와 건축을 처음 시작하는 초보자 모두에게 도전 의식을 심어 주고 건축 실력을 쌓는 데 도움을 줄 거예요. 넓은 아메리카부터 경외감이 느껴지는 아시아, 멋스러운 유럽과 남반구 오스트랄라시아 그리고 놀라운 환경을 지닌 아프리카까지! 세계에서 알아주는 건축물과 지역들을 둘러보면서 번뜩이는 영감을 얻을 겁니다. 단계별 지침에 따라 나만의 세계를 만들어 보세요. 훌륭한 건축 장인으로 거듭날 거예요.

전문가의 TIP!

창작을 하려면?

크리에이티브 모드로 건축하는 게 현명할 겁니다. 건축에 필요한 블록을 보관함에서 바로 꺼내 쓸 수 있고, 건축하는 동안 목숨을 잃을 위험도 없거든요. 만약 서바이벌 모드로 건축하려면 몇 가지 준비할 게 있다는 걸 잊지 마세요. 불을 밝혀서 공격적인 몹이 생성되는 것을 막고, 신호기를 제작해 공격력과 블록을 부수는 속도를 높이세요.

《 둥글게~ 둥글게 》

블록으로 곡선 모양과 원 만드는 연습을 많이 해 보세요. 실전에 들어가면 연습 때 만든 것보다 더 크게 만들어야 할 상황이 오는데, 둥근 모양이 가진 힘을 알면 그만큼 노력한 가치가 있다는 걸 깨닫게 될 거예요. 연습하다 보면, 점차 둥근 탑과 돔 모양의 지붕을 능숙하게 만들 수 있게 된답니다.

전문가의 TIP!

조금 더 두껍게 쌓기!

마인크래프트 세계에서는 그림자를 활용해 놀라운 효과를 낼 수 있어요. 벽을 두껍게 쌓은 다음, 그 위에 아름다운 무늬를 대칭적으로 새겨 넣는 거예요. 여기에 추가로 두꺼운 벽을 세우면, 창문과 출입구 쪽에 깊이감을 더하거나 멋진 문양을 넣을 수 있어요.

《 온라인에서 안전하게 지내기 》

마인크래프트는 세계에서 가장 인기 있는 게임 중 하나로, 여러분 누구나 즐겁게 플레이하기를 바랍니다. 하지만 이것만큼이나 중요한 것이 바로 온라인상에서 안전하게 지내는 거예요. 다음의 방법들을 꼭 명심하세요.

》 대화를 끄세요.
》 어린이가 플레이하기 적절한 서버를 찾으세요.
》 컴퓨터 바이러스와 악성 코드를 조심하세요.
》 게임하는 시간을 정해 두세요.
》 어른들에게 여러분이 뭘 하는지 알려 주세요.

마인크래프트 세계 지도

본격적으로 영감을 얻기 위한 세계 여행을 시작해 볼까요? 여러분은 이 여행에서 아메리카부터 아시아, 유럽, 오스트랄라시아 그리고 아프리카까지 총 5개 대륙에 있는 멋지고 환상적인 건축물을 만나게 될 거예요. 이번 여행은 최고의 생물 군계를 골라 나만의 걸작을 건축하는 데 아주 큰 도움이 될 겁니다. 자, 서둘러 가 보자구요!

아메리카

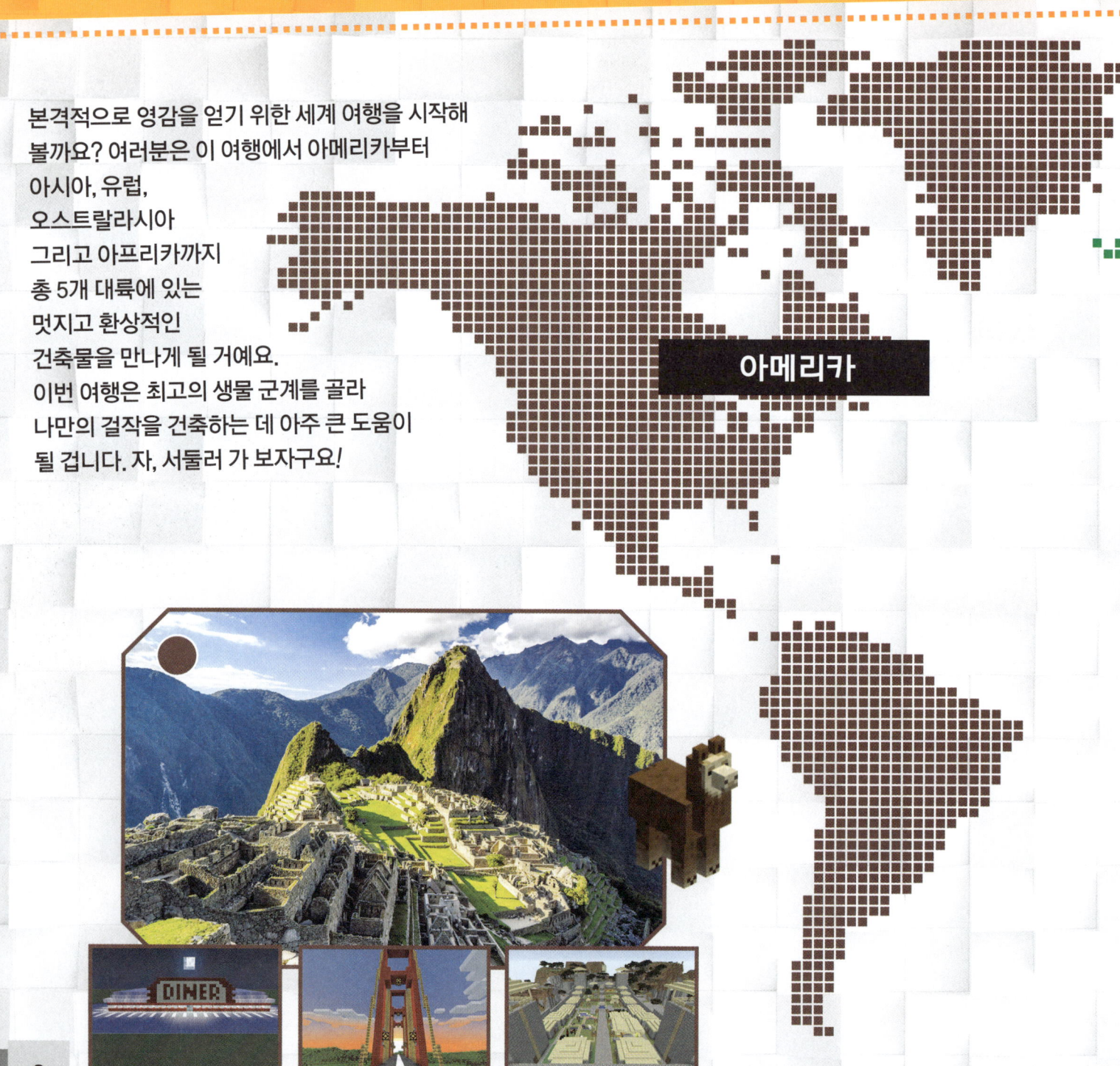

오! 놀라운 아프리카

고대의 신비로운 모습을 간직한 대륙

아프리카 건축물은 압도하는 자연 풍광 속에서 사람들의 눈에 잘 띄도록 세워졌어요.
황량한 사막 한가운데 큰 위용을 자랑하며 우뚝 서 있는 이집트의 '스핑크스'가 좋은 예시이죠.

《 활기차고 경이로운 곳 》

아프리카에는 사막과 정글, 열대 초원과 호수 등이 있어요. 마인크래프트 속 대부분의 생물 군계에서 이 아프리카 스타일로 건축할 수 있지요! 어떤 생물 군계를 고르든 상관없지만 거대한 건물을 짓기에 충분한 공간인지, 환상적인 배경이 있는 곳인지 고려하세요.

전문가의 TIP!
물을 극복하는 방법

물속에서 건축하게 된다면, 사다리를 사용해 공기주머니를 만드세요. 그러면 물속에서도 건축을 할 수 있어요.

Filastyle84 작품

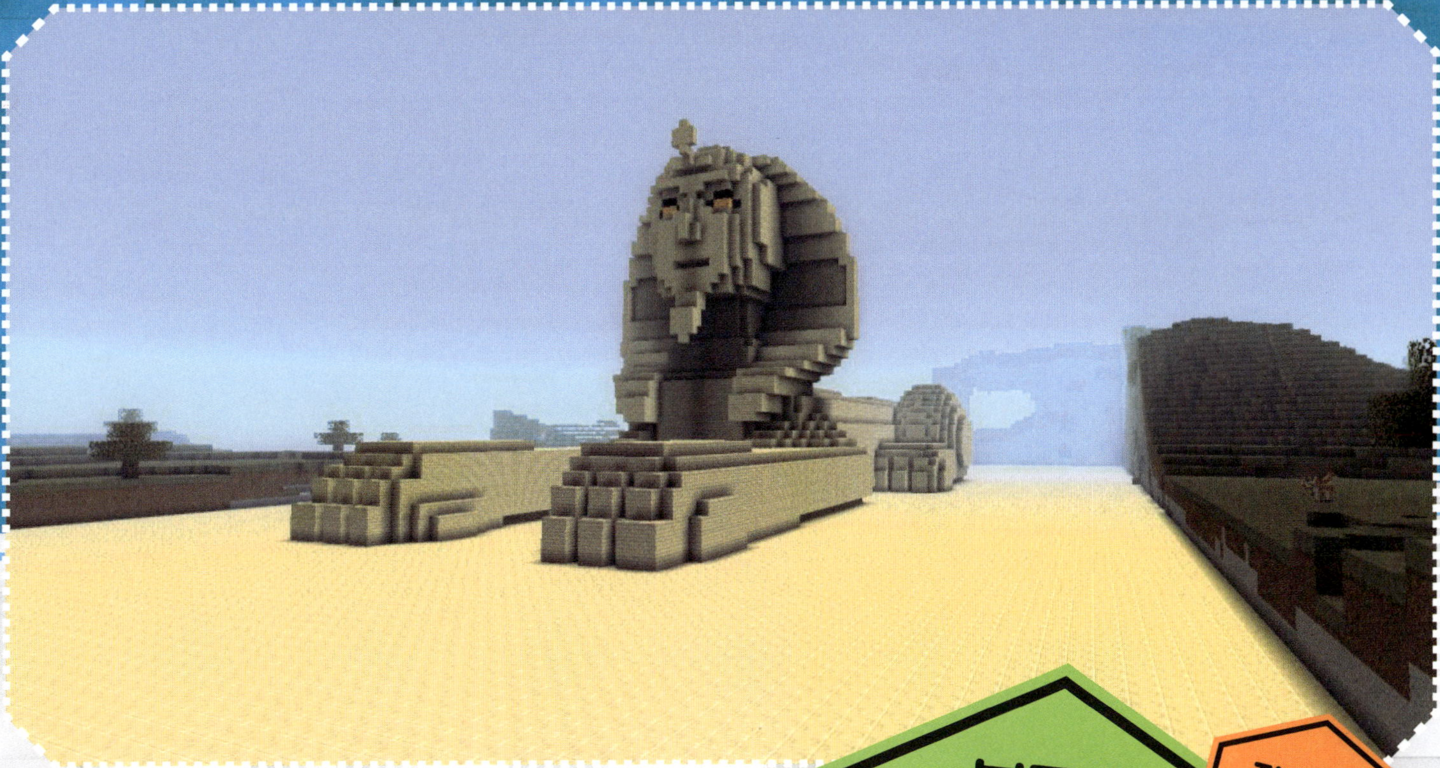

《 시간의 발자취 》

모래 덮인 사막은 계속 변화해 왔지만 아프리카를 상징하는 풍경은 아니에요. 수천 년 전에 지어져 오랜 세월을 견뎌 온 이 '스핑크스 석상'과 비교하면 말이죠.

전문가의 TIP!

블록을 세어 봐요!

건물 기초를 세울 때는 블록 개수를 꼼꼼하게 세어 보세요. 개수를 잘못 계산해서 비대칭적인 건물을 짓고 있었다는 사실을 도중에 알게 되면, 정말 짜증 나거든요.

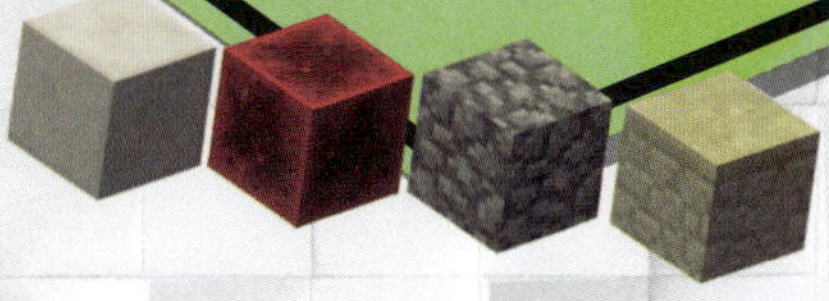

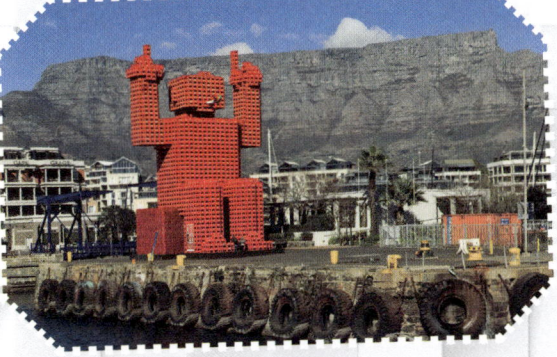

《 더 거대하게 재창조하기 》

남아프리카 공화국 케이프타운에는 선홍색 조각상이 있어요. '엘리엇 더 크레이트 팬'이라는 이름을 가진 이 거대한 조각상은 언뜻 마인크래프트 구조물처럼 보이지만, 낡은 콜라 상자를 재활용해서 만든 '평화 지킴이'예요.

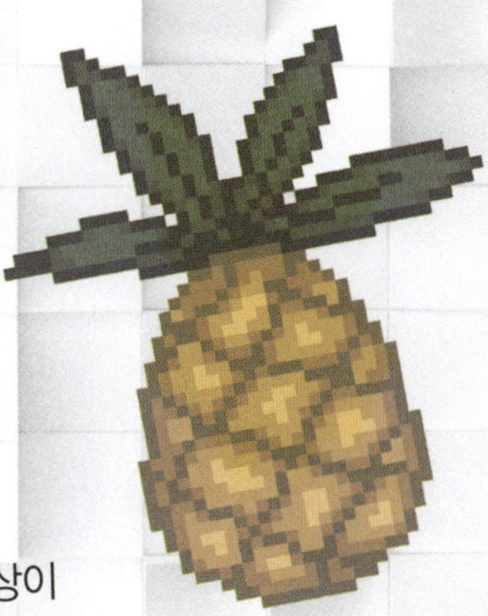

《 어메이징 파인애플 집 》

뾰족뾰족 머리 부분과 몸통의 마름모 무늬는 파인애플만의 독특한 모양이에요. 남아프리카 공화국의 파인애플 농장에는 실제로 관광객들이 이 과일을 사게 하려고 파인애플처럼 생긴 집들을 지어 놨어요. 이것은 무엇이든 우리의 건축 소재가 될 수 있다는 걸 증명해 주고 있어요.

오! 놀라운 아프리카
영원한 기념비

난이도 쉬움 **소요 시간** 1시간

기념비들은 저마다 특별한 이야기를 지니고 있어요. 어떤 뜻깊은 사건이나 인물들, 또는 다양한 업적을 잊지 않고 오래도록 후대에 전하기 위해 기념비를 세워요. 마인크래프트 세계에서도 기념비를 세워서 여러분의 이름을 영원히 남길 수 있어요!

필요한 자재

1단계
먼저 기념비를 세우기 위한 40×40 크기의 넓은 평지를 만들어요.

2단계
평지 위에 에메랄드 블록으로 단을 4개 쌓아요. 맨 윗부분은 기념비를 세울 수 있도록 에메랄드 블록과 연두색 양털 블록을 채워서 평평하게 해요.

3단계
가장자리에 연두색 양털로 6×6×10 기둥을 세워요. 그 위에 에메랄드 블록으로 4×4×10의 기둥을 세워요. 또 위에 연두색 양털로 2×2×5 기둥을 올려요.

4단계

간격을 두고 첫 번째 기둥 옆에 두 번째 기둥을 세워요. 연두색 양털로 6×6×6 크기의 기둥을 세운 다음, 에메랄드 블록으로 4×4×6 크기 기둥과 연두색 양털로 2×2×6 크기의 기둥을 높이 세워요.

5단계

또 다른 간격을 두고 더 작은 세 번째 기둥을 6×6×3, 4×4×3 그리고 2×2×3 크기로 세워 주세요.

6단계

첫 번째 반구체를 만들어 보세요. 5×5×5 크기의 정육면체를 세우고 블록으로 옆면에 단을 쌓아요. 그다음, 에메랄드 블록과 연두색 양털 블록으로 비스듬한 단을 만들어 반구체를 완성시켜요.

7단계

이제 첫 번째 반구체 옆에 반구체 2개를 더 만들어요.

전문가의 TIP!

빛나는 풍경

각각의 기둥과 반구체 아랫부분에 발광석을 설치해서 불을 밝히세요. 그리고 기둥들과 반구체 꼭대기에 신호기를 설치하면 멋진 광선이 나오고, 서바이벌 모드에서 추가 효과를 얻을 수도 있어요.

오! 놀라운 아프리카
고대 무덤

난이도 중간

소요 시간 2시간

세계의 유명한 건축물 중 일부는 일생 동안 놀라운 일을 해낸 인물을 기리는 무덤이에요. 이번에는 아프리카에서 볼 수 있는 고대 무덤들로부터 영감을 받아, 자기만의 건축물을 지어 볼 차례예요. 크리에이티브 모드에서 자신이 평소 존경하는 역사 속 인물을 생각하면서, 아래 간단한 단계에 따라 무덤을 설계해 보세요.

필요한 자재

1단계

먼저 25×25 크기로 무늬 있는 바닥을 깔아요. 금 블록으로 테두리를 만들고 바닥의 한가운데에 11×11 크기의 정사각형을 만들어요. 청금석과 발광석으로 체크무늬를 만들어 나머지 부분을 채워요.

2단계

테두리를 따라 금 블록으로 8블록 높이의 내벽을 세워요. 석영 블록 4겹으로 된 벽을 추가로 세워 벽을 두껍게 만들어요.

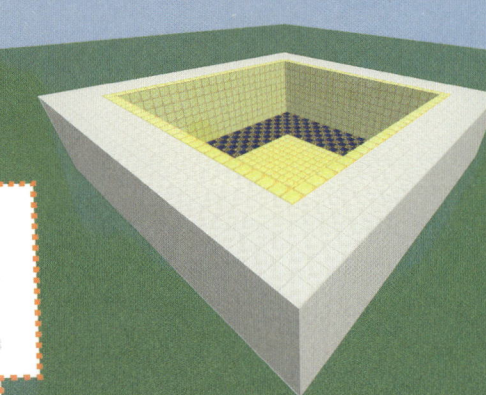

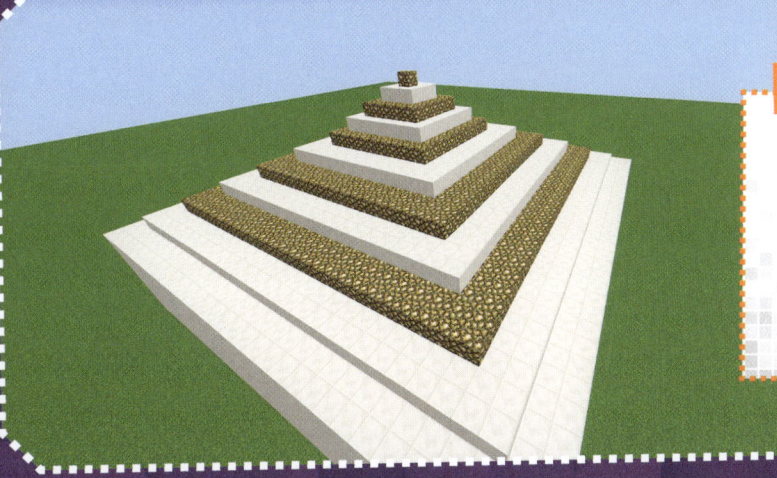

3단계

석영 블록과 발광석 블록으로 피라미드 모양의 지붕을 블록 10개 높이로 만들어요. 아래에 있는 5겹은 한 겹마다 2블록씩, 위에 있는 5겹은 한 겹마다 1블록씩 블록을 설치해요.

4단계

외벽 가장자리를 따라 석영 블록으로 총안을 만들어요. 반복되는 무늬와 대칭적인 모양은 실재 세계와 마인크래프트 양쪽에서 멋진 건물을 짓기 위해 쓰는 방법 중 하나예요.

5단계

방금 만든 벽의 일부분을 부수고 유리판을 설치해 창문을 만들어요. 석영 블록으로 만든 두꺼운 벽을 활용하여 문양을 넣어 보세요. 그러면 블록 느낌이 덜해져 자연스럽게 보일 거예요.

6단계

입구를 만들어요. 석영 블록과 석영 계단을 섞어 계단과 기둥을 세워요. 7×5 크기의 기초 위에 3블록 간격으로 기둥을 설치하고, 가장자리에는 석영 계단을 설치해요. 대칭적으로 해야 한다는 사실을 잊지 마세요!

7단계

무덤 안으로 들어와서 금 블록과 청금석 블록 그리고 발광석 블록으로 멋진 무늬가 있는 천장을 만들어요. 이 천장은 평평하지만 피라미드식 건물의 지붕 안쪽을 꾸밀 수 있어요.

8단계

이제 내벽을 꾸며 보세요. 그림에서는 발광석과 청금석 블록으로 줄무늬 벽을 만들었지만, 여기에 석영 블록을 더해 변화를 줄 수도 있어요.

9단계

방의 정중앙에 관을 만들 차례예요. 5×7 크기의 기초 위에 석영 블록과 조각된 석영 블록을 섞어 관을 제작해요. 관 위에는 금 블록으로 십자가를 얹어요.

10단계

관 주변에 지붕이 없는 블록 5개 높이의 구조물을 세워요. 석영 계단과 조각된 석영 블록 그리고 석영 블록을 섞어서 구조물을 만들어요. 입구에서 내려올 수 있도록 방 안에 계단을 설치해야 해요.

전문가의 TIP!

안전한 곳

무덤 주변에 정원을 만들고 높은 울타리와 연못 그리고 횃불 여러 개를 설치해 보세요. 횃불과 연못은 적대적인 몹이 다가오는 것을 막아 주고, 정원은 여러분이 지은 건물을 더욱 돋보이게 할 완벽한 배경이 될 거예요.

11단계

각각 4개의 벽 중앙에 아치형 입구를 만들어요. 위쪽 모서리에 석영 계단을 설치하면 직선 코너를 좀 더 자연스럽게 만들 수 있어요. 그리고 각 벽마다 대칭적으로 창문을 달아 줘요.

12단계

창문의 세세한 부분은 조각된 석영 블록으로 장식해요. 틈과 블록을 활용하여 예술적인 그림자를 만든 디자인을 참고해서, 여러분의 건축물을 꾸며 보세요.

전문가의 TIP!

환상적인 빛

다이아몬드로 만든 지붕 위에 신호기를 설치해 보세요. 서바이벌 모드에서 적대적인 몹을 물리칠 수 있는 특별한 힘을 얻을 수 있어요. 뿐만 아니라 멋진 광선도 나와요!

오! 놀라운 아프리카
우아한 궁전

난이도	소요 시간
전문가	**3시간 이상**

가끔 궁전에서 살고 싶다는 꿈을 꾼 적 있나요? 이번에는 소말리아의 궁전에서 착상을 떠올려, 아프리카의 자랑이자 세계에서 가장 장엄한 궁전을 지어 보세요. 이제 당신의 꿈이 이뤄질 거예요. 엄청난 블록을 쌓을 자신만 있다면 말이죠!

필요한 자재

1단계
궁전을 짓기 위해 사암으로 30×40 크기의 기초를 만들고, 두께와 높이가 각각 2블록인 벽을 세워요. 정면에는 계단 2개를 만들어요.

2단계
기초 안을 사암으로 채워 바닥을 깔아요. 그런 다음 계단 앞쪽에 5×5 크기의 탑을 짓기 위한 공간을 만들어 둬요. 그림과 같이 여러 개의 사선을 이어서 22×14 크기의 중앙 홀을 만들어요.

3단계

궁전의 양쪽에 대칭선을 하나씩 추가하세요. 이것은 나중에 방을 만들 때 도움이 될 거예요. 그러고 나서 중앙 홀 안에 2×4 크기의 직사각형을 만들어요. 이 직사각형은 계단을 설치할 때 필요해요.

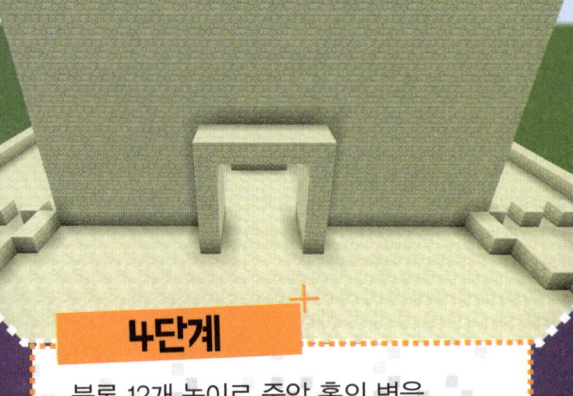

4단계

블록 12개 높이로 중앙 홀의 벽을 세워요. 그리고 블록 6개 높이와 블록 6개 너비, 블록 2개 깊이로 된 입구를 만들어요.

5단계

사암 반 블록과 사암 계단으로 지붕을 덮어요. 그런 다음 붉은 사암과 조각된 붉은 사암, 부드러운 붉은 사암 그리고 짙은 참나무 울타리로 중앙 홀 바깥쪽을 꾸며요.

6단계

블록 12개 높이로 된 탑의 벽을 세워요.

7단계

사암 반 블록과 사암 계단으로 지붕을 만들어요. 짙은 참나무 울타리와 붉은 사암 반 블록으로 탑에 창문을 만들고 탑을 꾸며요.

8단계

주변의 남아 있는 곳에 블록 6개 높이로 다른 벽을 세워요.

9단계

3단계에서 남겨 두었던 선을 따라 궁전의 양쪽에 방을 만들어요. 침대와 책장, 붉은 사암 반 블록 그리고 엔더 상자 같은 가구를 각 방마다 두세요.

10단계

외벽에 짙은 참나무 울타리를 설치해 창문을 내고, 사암 계단과 사암 반 블록으로 지붕을 만들어요. 그런 다음 건물 안으로 들어와서 나무 문과 짙은 참나무 울타리로 된 창문을 만들어요.

11단계

붉은 사암과 조각된 붉은 사암, 붉은 사암 반 블록, 아카시아 묘목과 선인장 블록으로 정원을 꾸며요.

12단계

이제 궁전의 앞쪽으로 와서 벽을 장식해요.

전문가의 TIP!

오, 압력판!

압력판으로 탁자의 상판뿐만 아니라, 문 앞에 압력판을 설치한 뒤에 가까이 다가가면 자동으로 문이 열리는 자동문도 만들 수 있어요.

13단계

중앙 홀로 들어와서 3단계에서 만든 2×4 크기의 직사각형을 이용해 계단을 설치해요. 사암과 짙은 참나무 울타리 그리고 횃불로 계단 옆을 장식해요. 1층의 높이가 7블록이 되게끔 계단을 만들어요.

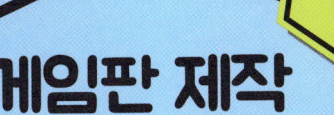

게임판 제작

노트 블록 옆면에 나무 다락문을 설치해서, 재밌는 체스판과 탁자를 만들어 보세요.

14단계

1층으로 와서 붉은 사암 계단과 서로 다른 색깔의 굳은 점토로 기둥을 세워요.

15단계

1층의 중앙 홀에서 울타리로 책장을 제작하고 참나무 계단과 표지판으로 의자를 만든 다음, 청금석 블록과 석영 반 블록으로 소파를 만들어요.

16단계

2층으로 올라와, 짙은 참나무 울타리와 무게 감압판(무게 압력판)으로 식탁을 만들어요. 그리고 빨간색 양털과 가문비나무 문 또는 참나무 문 그리고 나무 다락문으로 의자를 만들어요. 갑옷 거치대와 금 갑옷, 그림으로 2층을 꾸며요.

17단계

발광석과 나무 다락문, 짙은 참나무 울타리로 조명을 만들어요. 그러면 여러분만의 멋진 궁전이 완성돼요!

경이로운 아시아
아침 해가 먼저 떠오르는 곳

아시아는 세계 최고의 건축물이 가득한 거대한 대륙이에요. 두바이에는 세계에서 제일 높은 빌딩인 '부르즈 할리파'가 있고, 인도에는 가장 아름답고 화려한 건물로 손꼽히는 '타지마할'이 있으며, 중국에는 엄청 긴 '만리장성'이 있어요. 아시아의 건축 소재는 끝이 없어요.

《 H2O(물)은 참 멋진 존재 》

베트남 하롱베이의 작은 섬들은 마인크래프트에서 가끔씩 볼 수 있는 늪지대 M 생물 군계처럼 생겼어요. 건축이 까다로워 보여도 멋스러운 건물을 세우기에 좋아요. 물은 서바이벌 모드에서 위험으로부터 보호해 주는 방패 역할을 해 줘요.

전문가의 TIP!

절경을 찾는다면?

멋진 경치를 볼 수 있는 건축 장소를 찾고 있다면, 게임 안에 이미 구축되어 있는 타이의 차 농장이나 고원 지대 같은 계단식 지형을 선택하세요.

SuperTruperHans 작품

《 세계에서 제일 높은 빌딩 》

두바이의 초고층 빌딩 '부르즈 할리파'는 바람이 불면 2m까지 흔들린대요! 이 빌딩을 짓고 싶다면 계산해 보세요. 마인크래프트 세계에서는 최대 250블록 높이까지 설치할 수 있어요. 빌딩 높이인 828m를 1:4로 축소하면, 높이 207블록의 부르즈 할리파를 지을 수 있어요. 프리즈머린은 고층 건물 짓기에 좋아요. 강력한 폭발 저항력이 있고 예쁘니까요. 이 블록 색깔은 푸른색에서 초록색으로, 초록색에서 보라색, 보라색에서 남색, 남색에서 다시 초록색으로 은은하게 변해요.

lexa2 작품

《 아주 긴 장벽 》

중국의 '만리장성'은 수천 년에 걸쳐 만들어졌어요. 물론 마인크래프트에서는 그렇게 오래 걸리지 않을 거예요. 실제 만리장성은 돌과 모래, 흙, 벽돌 그리고 마인크래프트 세계에는 없는 찹쌀가루로 쑨 풀을 이용해 쌓았답니다.

전문가의 TIP!

반복 또 반복

대칭적이고 아름답게 건물을 짓기 위해서는 큰 건물의 정교한 부분을 반복해서 만들어 보세요. 그러면 건축 실력과 함께 속도감을 기를 수 있을 거예요.

경이로운 아시아
안마당 정원

난이도 쉬움　**소요 시간** 1시간

안마당 정원은 보통 집안 건물에 둘러싸여 있어요. 하지만 여기에서는 주변 건물을 짓지 않고, 정원의 세세한 부분과 블록을 배치하는 방법 등을 살펴볼 거예요. 정원을 다 조성하고 나면, 그 주변을 건물들로 비밀스럽게 둘러싸 보세요!

필요한 자재

1단계
부드러운 사암 블록으로 24×24 크기의 바닥을 깔아요. 가장자리로부터 4블록 안쪽에는 조약돌로 반복적인 무늬를 만들어요.

2단계
조약돌로 블록 6개 높이의 벽을 세우고 각 벽마다 문을 4개씩 달아 줘요. 문과 문 사이를 반드시 같은 간격으로 떨어뜨려 주세요.

3단계

조약돌 무늬의 안쪽 모서리를 따라 빨간색 양털 블록으로 3블록 높이의 기둥을 세워요. 정원 가운데를 지나가게끔 하기 위해 기둥은 반드시 문과 마주 보게 설치해요.

4단계

이제 정원의 모서리를 따라 각 기둥의 끝에서 벽까지 이어지는 경사진 지붕을 만들어요. 굳은 점토를 사용해서, 자신만의 밝은 색상을 자유롭게 추가해 보세요.

5단계

창의력을 발휘할 시간이에요! 정원 중앙으로 와서 분수대나 무늬가 있는 바닥 또는 멋지고 오래된 나무처럼 특별한 것을 만들어 보세요. 여러분이 좋아하는 것이라면 뭐든 괜찮아요.

6단계

정원의 모서리를 따라 자작나무 잎으로 대칭적인 울타리를 만들거나, 마인크래프트 속 다양한 식물을 심은 화분으로 대칭적인 무늬를 조성해 보세요. 양치류 식물이나 꽃, 묘목 그리고 잔디 등을 화분에 심을 수 있어요.

7단계

마지막으로 정원 바깥에 키가 큰 나무 몇 그루를 심어요. 그리고 나뭇잎이 지붕 위에서 정원 가운데 쪽으로 흘러내리게끔 만들어요. 이렇게 하면 더욱 고풍스런 느낌을 더할 수 있어요.

전문가의 TIP!

방 만들기

집 한가운데 안뜰 정원을 갖게 되었어요. 그렇다면 정원 가장자리를 따라서 개성 넘치는 방을 디자인해 보면 어떨까요? 이미 문은 설치되어 있으니, 벽 뒤에 무엇을 놓을지만 생각하면 바로 실행할 수 있어요.

경이로운 아시아
사원의 탑

난이도 중간　　**소요 시간** 2시간

대부분의 탑들은 높이 솟아 있어요. '파고다' 또는 '탑파'라 불리는 사원의 탑들이 가진 부드러운 곡선은 푸른 하늘로부터 우리의 시선을 끌어요. 여러분은 하늘까지 닿는 멋진 탑을 세울 수 있나요?

필요한 자재

1단계

참나무 판자로 블록 4개 높이인 팔각형 모양의 기초를 만들어요. 그리고 직선으로 된 각 모서리에 아래로 내려가는 계단을 만들어요. 그다음 벽의 모서리를 따라 잔디 블록을 석재 벽돌 블록으로 바꿔요.

2단계

이번에는 기초 모서리를 따라서 블록 4개 높이의 벽을 세워요. 18가지 색깔의 양털 중 자신이 좋아하는 양털을 골라 벽 재료로 사용할 수 있어요.

3단계

다른 색깔 양털 블록으로 계단 위 벽들 중 한곳에 입구를 만들어요. 탑을 꾸미기 위해서 꽃이나 묘목, 잔디를 심은 화분 2개를 입구 양쪽에 설치해요.

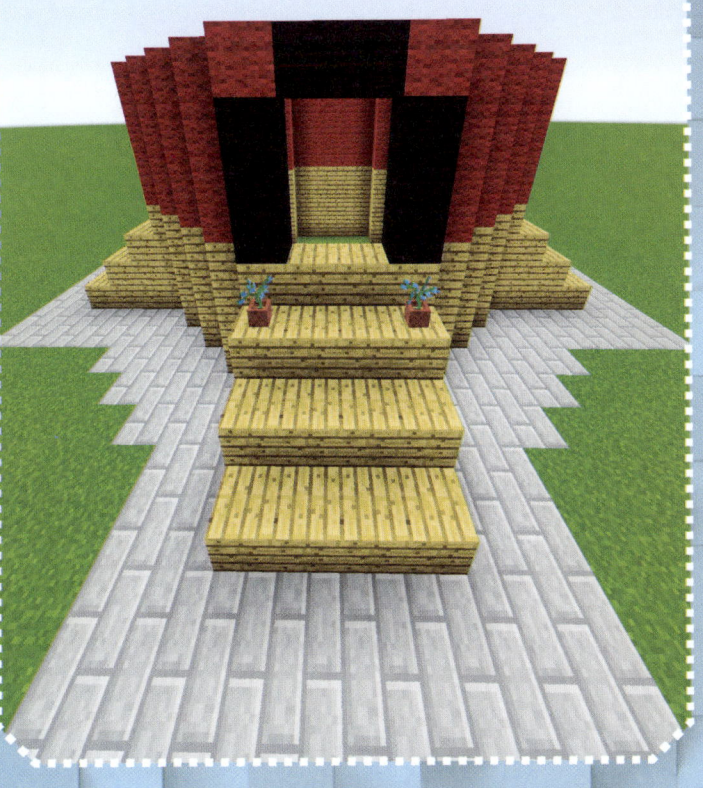

4단계

입구 만드는 데 사용한 것과 같은 색깔의 양털 블록으로 직선으로 된 벽에 창문을 만들어요. 각 창문에는 유리판을 달아요.

5단계

벽 위에 첫 번째 바닥을 얹어요. 나중에 사다리를 타고 올라갈 수 있도록 블록 한 칸을 남기고 참나무 판자로 바닥을 만들어요.

6단계

참나무 판자로 만든 바닥에서 4블록을 확장하여 지붕의 기초를 마련해요. 여기에서는 참나무 판자를 사용했지만, 여러분이 원하는 다른 블록을 사용해도 상관없어요.

전문가의 TIP!

블록으로 둥그렇게!

블록으로도 곡선을 만들 수 있으니, 둥근 모양의 탑을 설계해 보는 건 어떨까요? 곡선은 한 종류 블록으로 홀수 개수의 줄을 만들어야 해요. 크게 만들면 더 멋진 결과를 얻을 수 있어요.

7단계

이제 지붕의 기초 위에 3개의 단을 쌓으세요. 단을 쌓을 때마다 한 블록씩 작아지게 해요.

8단계

지붕의 직선 모서리에 곡선을 더해요. 곡선의 양쪽 끝에 레드스톤 횃불을 놓아 밤낮으로 멋진 탑이 될 수 있게 하세요.

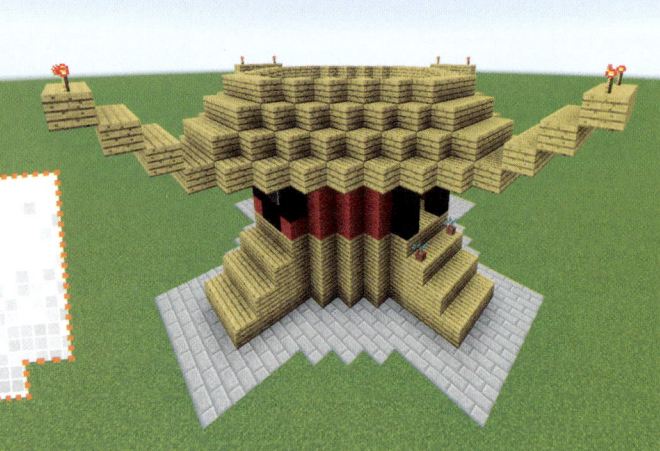

9단계

블록 4개 높이의 벽을 첫 번째 바닥 위에 세우고, 각 벽마다 1층에서 만든 창문과 똑같은 창문을 설치해요.

10단계

높은 탑이 만들어질 때까지 5단계부터 9단계를 여러 번 반복해요. 더 이상 층을 올리고 싶지 않으면, 8단계를 마치고 11단계로 건너뛰어요.

11단계

중점에 도달할 때까지 점진적으로 크기가 작아지는 단을 쌓아서 지붕을 완성해요.

12단계

각 층마다 블록을 한 칸씩 비워 두었던 걸 기억하고 있나요? 이제 1층부터 탑의 꼭대기까지 사다리로 이어 줄 차례예요!

전문가의 TIP!

모눈종이 활용하기

모눈종이로 건축 계획을 세워 보세요. 미리 계획을 짜면 치수뿐 아니라 어떻게 해야 최상의 결과를 얻게 될지 가늠할 수 있어요. 서바이벌 모드에서의 건축이 더욱 수월해질 거예요.

경이로운 아시아
멋진 도시 경관

난이도
전문가

소요 시간
3시간 이상

많은 마인크래프트 유저들이 대도시를 건설하고 싶어 하지만, 실현시키기까지는 엄청난 노력과 시간이 들어요. 일단 작은 도시 경관부터 설계해 보는 건 어떨까요? 도시 건설 꿈도 이루고, 나중에 더 큰 프로젝트를 하기 위한 연습이 될 거예요.

필요한 자재

1단계

4×2 배열로 15×15 크기의 정사각형 8개를 파세요. 조약돌로 모서리와 대각선을 만들어요. 전체 크기는 69×33이 되어야 해요.

2단계

8개의 구획을 오갈 수 있도록 검은색 양털과 하얀색 양털 블록으로 도로를 정비해요.

3단계

건축의 기초를 마련해요. 여긴 좌상단부터 우하단순으로 각 구획마다 석영 기둥 블록, 프리즈머린 블록, 어두운 프리즈머린 블록, 석재 벽돌, 윤이 나는 섬록암, 벽돌, 사암, 윤이 나는 안산암, 윤이 나는 화강암, 유리, 네더 벽돌 그리고 잔디 블록을 사용했어요.

4단계

잔디로 덮인 공간에 공원을 조성해요. 삽을 들고 잔디 블록을 우클릭하면, 길 블록을 만들 수 있어요. 한 종류의 원목 블록과 참나무 잎 5개로 서로 다른 모양의 나무를 만들어요. 그러고 나서 꽃도 심어 주세요.

5단계

공원 옆으로 와서 윤이 나는 섬록암으로 첫 번째 건물을 지어요. 검은색 유리로 창문을 만들어요.

6단계

건물 위에 옥상을 만들어 마무리를 지으세요. 꼭대기에 햇불이나 발광석을 설치하는 것을 잊지 마세요. 아무도 밤에 박쥐가 들어오는 걸 원하지 않을 거예요. 그렇지 않나요?

7단계

8개의 구획 중 4곳에 건물 벽을 세워요. 벽을 세울 때는 기초를 만들 때 썼던 블록과 같은 블록을 사용해요. 각 건물의 높이를 서로 다르게 하세요. 다른 건물의 창문도 검은색 유리로 설치해요.

전문가의 TIP!

바닥에 조명을!

건물 아래에 조명을 두면, 건물 모양이 강조되고 멋진 그림자가 생겨요. 길을 따라서 건물 주변의 블록을 발광석으로 바꿔 보세요.

8단계

각 건물마다 옥상을 마련해요. 도시가 너무 지저분하면 안 되니까 벽을 만들 때 썼던 블록과 같은 블록으로 옥상을 만들어요. 하늘 풍경을 고려하면서 서로 다른 모양과 크기의 옥상을 조성해요.

9단계

각 건물 옥상에 조명을 설치해 주세요. 옥상의 서로 다른 모양을 따라서 조명을 설치하면 멋진 효과를 낼 수 있어요. 건물 안쪽에도 조명을 놓아서 밤새 빛나게 해 보세요.

10단계

이제 석영 기둥 블록과 프리즈머린 블록 그리고 어두운 프리즈머린 블록으로 고층 건물을 지어 보세요. 앞서 말한 블록으로 블록 16개 높이의 첫 번째 기둥을 세워요. 그 위로 점점 작아지는 또 다른 6개의 기둥을 쌓아요.

11단계

고층 건물의 외벽을 뚫고 유리 블록을 설치해서 창문을 만들어요. 창문은 적당한 간격을 두고 만들어야 해요. 그런 다음 멋진 야경을 위해 각각의 유리 블록 뒤에 발광석 블록을 설치해 주세요.

12단계

같은 재료로 건물의 옆면과 윗부분을 꾸며요.

13단계

유리 블록으로 블록 24개 높이의 벽을 세워요. 3블록마다 폭이 1블록씩 줄어들어 맨 위에서는 하나의 블록으로 모이는 벽을 만들어요.

14단계

유리 기둥의 가장자리를 6×1 크기의 돌 기둥으로 바꿔요. 그리고 나서 벽의 모서리를 따라 돌 기둥을 세워요. 돌 기둥 사이의 공간에는 사선으로 유리 기둥을 세워 벽과 벽을 연결해요.

15단계

부드러운 사암과 발광석 블록을 섞어 지붕을 완성해요. 그리고 발광석 블록 몇 개를 건물 안에 설치해서 더 빛나게 만들어 보세요.

16단계

이제 도시의 마지막 부분을 조성할 거예요! 철 블록과 철창을 섞어서 도시를 둘러볼 수 있는 거대한 관람차 바퀴를 제작하세요.

17단계

나무 판자로 바퀴 지지대를 만들어요. 바퀴 가운데 부분을 참나무 판자와 연결해요. 마지막으로 염색된 유리와 철 다락문으로 바퀴 주위에 관람차를 만들면 끝나요.

전문가의 TIP!

도시를 이어 볼까요?

조약돌 몇 개를 검은색이나 갈색 양털로 바꾸어 건물과 건물을 연결하세요. 생물 군계를 가로지를 만큼 도로를 확장해 보세요.

색다른 멋을 지닌 유럽

아름다운 풍경 동화의 나라

유럽에는 요정이 등장하는 동화에 나올 것 같은 오래된 성과 거석, 울창한 숲과 아름다운 해안이 있어요! 멋진 풍광과 고풍스러운 건축물은 우리가 근사한 설계를 하는 데 큰 도움이 될 거예요.

《 알프스를 디자인하라! 》

알프스산맥은 스키와 스노보드 같은 숨 막히는 스포츠를 즐길 수 있는 역동적인 곳이에요. 산 정상의 작은 오두막집부터 스키장과 호텔에 이르기까지, 눈 덮인 극한의 환경을 극복하는 멋진 건물을 지어 보세요.

전문가의 TIP! — 세팅이 필요해요!

자신에게 맞는 건축 영역을 만들어 두세요. 건축을 시작하기 전에 땅을 잘 다져요. 나무와 꽃을 심고, 바위 몇 개를 만들어 건물과 조화가 되게 세팅해 놓는 거예요.

《 거대한 철탑 》

유럽에서는 고성 외에도 별장이나 성당 등 다양한 건축물을 찾아볼 수 있어요. 파리 센강 근처에 있는 '에펠 탑'은 유명한 철탑이에요. 세계에서 가장 높은 건축물이라는 명예는 41년밖에 유지하지 못했지만, 여전히 프랑스의 상징적인 존재로 우뚝 서 있어요.

sp_____ace 작품

《 아주 유용한 아름다움 》

네덜란드는 '풍차'로 유명해요. 풍차는 낭만적이기도 하지만 바람에 움직이면서 풍력을 이용해 곡식을 빻거나 물을 끌어올려요. 여러 가지 일을 해내지요. 그렇다면 여러분이 마인크래프트에서 지은 건물은 적대적인 몹으로부터 보호하는 것 말고, 또 무슨 역할을 할 수 있을까요?

Copyright © xPelix

전문가의 TIP!

지구화? (테라포밍)

식물을 심거나 길을 내고 정원을 가꾸는 등 주변을 마치 지구 환경처럼 테라포밍하면, 건물들이 더 아름답게 보일 거예요. 풍차 옆으로 꽃길을 만들어 보세요.

색다른 멋을 지닌 유럽
째깍째깍 시계탑

난이도 쉬움　　**소요 시간** 1시간

마인크래프트를 할 때 가끔 시간 가는 줄 모를 때가 있지요? 이번에 지어 볼 건물은 여러분에게 휴식 시간을 알려 줄 시계탑이에요. 건축이 복잡하지 않아요. 다 짓고 나면 마치 매시간마다 요정이 나와서 종을 울리는, 아주 오래된 동화 속 시계를 만난 것 같을 거예요.

1단계

석재 벽돌로 20×20 크기의 정사각형 기초를 만들고 석재 벽돌 계단으로 계단 2단을 만들어요.

2단계

블록 60개 높이로 탑을 세워요. 무늬와 돌출된 부분을 추가해서 건물에 마디를 만들어요. 부드러운 사암과 조약돌 담장, 윤이 나는 안산암, 가문비나무 그리고 가문비나무 판자로 탑을 만들어요.

3단계

이제 15×15 크기의 시계판을 만들어요. 석탄 블록으로 가운데 점을, 가장자리에는 시간을 나타내는 점을 만들어요. 시계 테두리는 섬록암으로 만들고, 석영 블록으로 시계판 안쪽을 채워요.

4단계

나무 문으로 시계탑 입구를 만들고 주변을 위의 그림처럼 꾸며요. 아니면 그림을 참고해서 자신만의 방식대로 자유롭게 꾸며 보세요!

5단계

이번에는 시계탑 안에 계단을 설치할 거예요. 계단의 폭은 3블록으로 하고, 조약돌과 조약돌 계단을 이용해 만들어요. 시계판의 아랫부분과 같은 층에 나무로 된 바닥을 깔아요.

6단계

이제 전망대를 만들어요. 위 그림과 같이 유리 블록이나 유리판으로, 시계판이 있는 곳과 같은 층에 창문을 달아요.

7단계

마지막으로 시계탑 꼭대기에 뾰족한 지붕을 덮어 줘요. 석재 벽돌과 석재 벽돌 계단을 섞어서 지붕을 만들거나, 금 블록같이 조금 사치스러운 블록으로 지붕을 덮어도 좋아요.

전문가의 TIP!

응용은 조화롭게!

다음 장에서 지을 오두막 별장을 시계탑 주변에 조성하는 건 어때요? 마을 주변에 연못을 추가해 나만의 유럽풍 마을을 만들어 보세요!

색다른 멋을 지닌 유럽

오두막 별장

난이도
중간

소요 시간
2시간

본격적으로 동화 속에 나올 것 같은 장소에서 모험을 시작해 보세요. 적대적인 몹의 무리를 물리치고, 행복하게 지낼 수 있는 별장을 차지하는 거예요! 주변에 나무가 있는 공간을 물색하고, 하얀색 양털과 짙은 참나무 블록을 준비하세요.

필요한 자재

1단계

먼저 참나무 판자로 바닥을 깔아요. 가장자리에 하얀색 양털을 5블록 높이로 세워 벽을 만들어요. 짙은 참나무로 기둥을 만들고 출입문과 창문을 위한 공간을 남겨 둬요.

전문가의 TIP!

고정 관념 벗어나기!

건물의 기초를 특이한 모양으로 설계해 보세요. 대칭적인 것도 나쁘지 않지만, 정사각형이나 직사각형에서 벗어나 다른 모양으로 기초를 세우면 더 멋진 건물을 지을 수 있어요.

2단계
유리판으로 창문을 설치해요.

3단계
가문비나무 문을 한 블록 뒤에 설치해요. 고전적인 현관 분위기를 낼 수 있어요.

4단계
가장 긴 뒷벽의 맞은편에 있는 2개의 짧은 벽 중 한 벽을 따라 참나무 계단을 설치해요. 계단 옆 뚫려 있는 부분에 짙은 참나무 울타리로 난간을 만들어요. 그런 다음 4블록 위에 참나무 판자로 천장을 만들어요.

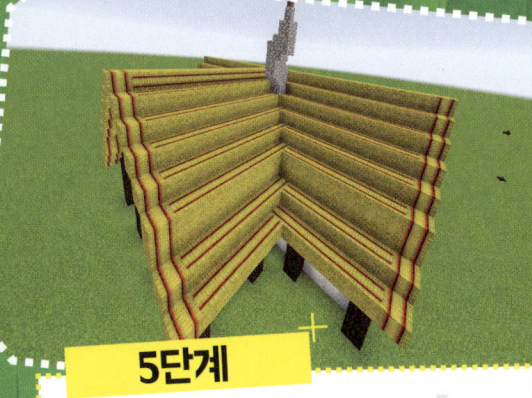

5단계
천장에서 시작해서 중간에서 만나게끔 건초 더미를 비스듬하게 설치하여 뾰족한 지붕을 만들어요. 앞쪽에 또 다른 뾰족한 지붕을 만들고, 조약돌로 굴뚝을 세워요.

6단계
계단 맞은편 모퉁이에 양털로 소파를 만들고 양탄자를 깐 다음, 그림과 책장을 계단 밑에 설치해서 소박한 거실을 만들어요. 레드스톤 횃불을 사용하면 편안한 느낌의 조명 효과를 낼 수 있어요!

7단계

다른 모퉁이에는 석재 벽돌과 화로 그리고 제작대를 이용해 부엌을 만들어요. 문 주변에 소파를 놓고 식탁과 의자를 배치해요.

전문가의 TIP!
가재도구 갖추어 놓기

철창 1개와 철 블록 2개로 냉장고를 만들어요. 싱크대는 가마솥에 물을 채워서 만들고, 양탄자와 그림으로 노트북을 만들기도 해요.

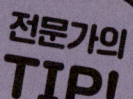

8단계

위층으로 올라와 지붕과 바닥 사이의 간격을 좁혀 방을 아늑하게 만들어요. 짙은 참나무와 짙은 참나무 울타리로 계단 위에 난간을 만들어요. 소파와 책장을 더 추가해 방을 꾸며요.

9단계

침실로 들어갈 입구를 만들어요. 빨간색 양털과 하얀색 양털 그리고 나무 다락문으로 거대한 침대를 제작해요. 짙은 참나무로 제작한 탁자 위에 발광석과 울타리로 만든 전등을 설치해요. 벽에는 횃불 몇 개를 설치해 놓고요.

10단계

짙은 참나무와 울타리 문 2개로 대문을 만들어요. 자갈을 대문부터 오두막 별장의 입구까지 곡선 모양으로 깔아서 정원에 길을 내요.

11단계

대문에서부터 오두막 별장 전체를 둘러싸는 산울타리를 세워요. 굴뚝 위에 거미줄 몇 개를 설치해 연기를 만들어요. 다음은 한적한 정원을 꾸며 볼 차례예요.

12단계

나무 몇 그루와 꽃을 나뭇잎으로 만든 울타리 안에 심어서 정원을 꾸미고, 참나무 계단으로 벤치도 제작해요. 그네를 만들고 나무 속에 집을 짓거나 정자를 만드는 등 정원을 더 장식할 수도 있어요.

색다른 멋을 지닌 유럽
프랑스풍 저택

난이도 전문가　　**소요 시간** 3시간

유럽에는 대저택이 많아요.
특히 프랑스 저택들이 유명해요.
프랑스의 대저택을 '샤토'라고 해요.
호수 옆이나 숲속에 숨어 있지요.
어떤 곳이 저택을 짓기에 좋을까요?
강이나 고원, 아니면 지붕 숲이나
완전한 야생? 어디든 괜찮지만, 넓고
평평하면서 잔디가 많은 곳이 좋아요.
더 멋진 설계를 위해서라면요.

필요한 자재

1단계

거대한 건물은 큰 규모의 기초가 있어야 해요! 석영 블록과 석탄 블록 그리고 부드러운 붉은 사암을 사용해 기초를 만들어요. 51×25 크기의 직사각형을 먼저 만들고, 구석에 원 4개를 설치해요. 이 대저택의 바닥을 만든 거예요.

2단계

바닥의 가장자리를 따라 조각된 붉은 사암으로 블록 9개 높이의 벽을 세워요. 안에 벽을 추가로 세워 방을 3개로 나누어요. 그리고 5블록 위에 아카시아나무 판자로 바닥을 깔아 2층을 만들어요.

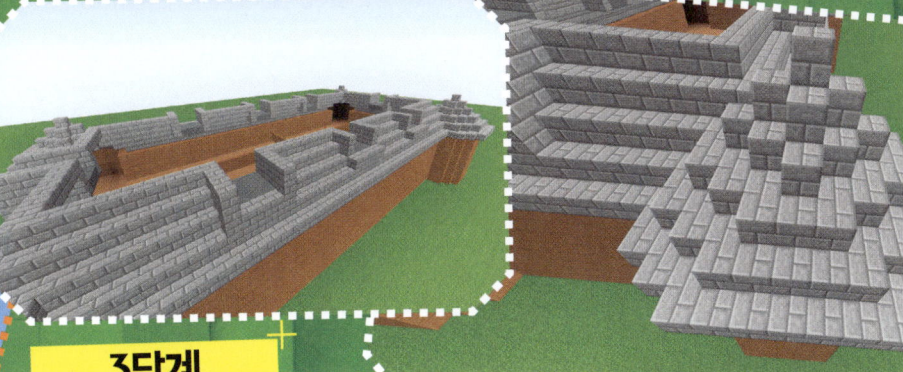

3단계

이제 석재 벽돌을 5줄로 설치해 지붕을 덮어요. 앞면과 뒷면에 창문을 3개씩 만들고 그림과 같이 석재 벽돌로 장식을 해요. 구석에 있는 탑에도 뾰족한 지붕을 덮어 주세요.

4단계

맨 위에 하나의 긴 줄이 생길 때까지 지붕을 쌓아 올려요. 그런 다음 그림처럼 본채의 지붕과 탑 4개의 지붕 위에 석재 벽돌 계단을 설치해요.

5단계

이제 위 그림처럼 벽의 정중앙에 입구를 만들어요. 조각된 사암으로 바닥을 넓혀 건물 안에 무엇이 숨겨져 있는지 알 수 있도록 해요.

6단계

입구 바깥에 기둥을 세우고 조각된 사암과 자작나무 울타리로 발코니를 만들어요.

7단계

입구의 양옆에 같은 재료로 창문과 작은 발코니를 만들어요. 대저택 뒷면에도 똑같이 창문과 발코니를 만들어서 많은 양의 빛이 안쪽으로 들어올 수 있게 해요.

8단계

탑의 지붕 아래에 조각된 사암으로 주름 장식을 만들어요. 그리고 탑의 꼭대기에 울타리를 1개씩 설치해요. 이제 정말 대저택 같아 보이는군요!

9단계

그림과 같이 탑의 평평한 외벽에 2개의 작은 창문을 만들어 탑을 완성해요. 대저택 안으로 들어가기 전에 창문으로 유리판을 설치해야 한다는 것을 잊지 마세요!

10단계

중앙 홀의 뒤쪽 벽에도 입구를 만들고 그림과 횃불을 설치해요. 석영 계단과 석영 블록으로 탁자와 소파를 제작해요. 갑옷을 입힌 갑옷 거치대를 설치해요.

11단계

각 탑 안에 석영 블록과 석영 계단으로 그림과 같이 나선형 계단을 만들어요. 계단을 타고 위층으로 올라갈 수 있도록 나무 바닥을 뚫어 놓아야 해요! 그런 다음 각 탑 안으로 들어가는 곳에 아치 모양 구조물을 세워요.

12단계

아래층에 있는 작은 방 하나를 응접실로 바꾸어요. 석영 블록과 하얀색 양털로 소파와 안락의자를 제작해요. 그다음 자작나무 울타리와 횃불 그리고 석영 블록으로 조명을 만들어요.

13단계

식당을 설계해 보세요. 석영 반 블록과 석영 블록으로 식탁을 만들어요. 석영 계단으로 의자를 만들고 응접실에서 만들었던 조명을 여기에도 설치해요.

14단계

석영 계단으로 천장을 장식하고 베개와 소파를 만들어요. 소파 끝부분에는 하얀색 양털을 사용해요. 석영 블록으로 만든 매트리스를 아카시아나무 판자로 둘러싸고, 울타리로 기둥을 세워 대형 침대를 제작해요.

15단계

부드러운 사암으로 길을 내세요. 가장자리를 따라 정글나무 잎과 부드러운 붉은 사암으로 벽을 세워요. 양귀비를 심은 화분을 벽 위에 올려 장식해요.

16단계

부드러운 사암으로 만든 길을 확장해요. 대칭적으로 길을 넓히고 가장자리에는 산울타리와 벽을 세워요. 길 가운데를 2블록 아래로 판 다음, 6×2 크기의 직사각형을 만들어요. 그림처럼 직사각형 옆을 파내고 물을 채워요!

17단계

장식용 산울타리를 추가로 세워서 정원을 완성해요. 길 양옆을 자유로운 모양으로 꾸미되 반드시 대칭적으로 만들어요. 이렇게 하면 더 멋지고 디자인이 잘된 것처럼 보일 수 있어요.

전문가의 TIP!
올라갔다 내려갔다

건물 안에 사다리를 놓거나 물로 엘리베이터를 만들어, 위층과 아래층을 오르락내리락 재밌게 다닐 수 있어요. 꼭대기에 물기둥 하나만 놓으면 돼요.

전문가의 TIP!
물로 꾸민 시원한 정원

대저택은 대체로 물로 둘러싸여 있어요. 적대적인 몹이 다가오는 걸 막으려면 주변에 연못을 만들어요. 정원에는 분수대를 세워 보세요.

환상의 오스트랄라시아
지구 반대편
호주와 뉴질랜드

여러분은 혹시 반려동물이나 좋아하는 과일처럼 생긴 집을 짓고 싶다고 생각해 본 적 있나요? '오스트랄라시아'라 불리는 오스트레일리아(호주)와 뉴질랜드의 건축가들이 그런 집을 지었어요. 마인크래프트의 생물 군계와 닮은 이 남반구 나라들에서 기발한 아이디어를 얻어 보세요.

《 사막의 풍경 》

오스트레일리아에 있는 피너클즈 데저트, 일명 '바위 기둥 사막'은 마인크래프트의 사막 생물 군계보다 더 환상적이에요. 이곳 바위는 마치 건물처럼 보여요! 단순한 건물 짓기가 아니라 자기만의 세계를 구축한다는 사실을 잊지 마세요. 넓은 공간에 맞추어 큰 건물도 지어 보세요.

전문가의 TIP!

상황에 잘 맞게!

주변 건물과 어울리는 생물 군계에서 건축하세요. 사막에 이글루를 짓는 건 아니잖아요? 지으려는 건축물과 잘 어울리는 장소가 어디일지 생각해 보세요.

《 오렌지의 매력 》

덴마크 디자이너 요른 웃손은 오렌지 껍질을 벗기는 것에서 영감을 얻어 '시드니 오페라 하우스'를 디자인했대요. 여러분도 간식 먹을 때 상상해 보세요. 건축물을 지을 때 도움이 될 만한 아이디어를 얻을지도 모르잖아요.

전문가의 TIP!
빼면 뺄수록 좋다?
건축을 할 때는 최대 5종류 정도 블록을 사용하세요. 너무 많은 블록을 사용하면, 건축물이 지저분해 보일 수 있어요.

《 벌집통 모양 국회 의사당 》

뉴질랜드의 '비하이브' 꼭대기 층에 있는 창문은 마치 엔더맨의 눈처럼 생겼어요! 이 건물은 성냥갑에 그려진 벌집에서 영감을 얻어 지어졌어요.

《 강아지 모양 관광 안내소 》

뉴질랜드 티라우 마을에는 두 채의 양 모양 건물 옆으로 양치기 강아지 모양의 건물이 있어요! 강아지, 양, 돼지 같은 수동적인 몹이 주는 영감을 가지고 동물을 주제로 한 건물을 지어 보세요. 좀비를 주제로 한 것도 괜찮고요.

멋지다, 매애애!

왈왈, 대단하지?

환상의 오스트랄라시아
바닷가 작은 집

난이도 쉬움　**소요 시간** 1시간

오스트레일리아와 뉴질랜드에는 세계적으로 유명한 해변이 많아요. 이번 건물은 모래사장이나 사막 생물 군계와 잘 어울려요. 뜨거운 햇볕을 피해 쉴 때는 해변의 시원한 오두막집이 좋은 휴식처가 될 거예요.

필요한 자재

1단계

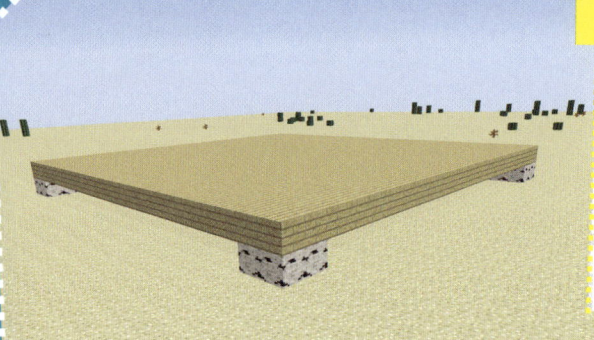

모래와 비슷한 색깔을 가진 자작나무 판자로, 22×22 크기의 기초를 만들어요. 기초 모서리 밑에 자작나무로 2×2 크기의 지지대를 세워요. 시작은 지금부터예요!

2단계

정사각형 모양의 16×16 벽을 세워요. 시원한 느낌을 위해 석영 블록과 청금석 블록으로 줄무늬를 만들어요. 물론 여러분이 좋아하는 블록으로 만들어도 돼요. 각 벽에 자작나무 문을 2개씩 설치해서 바람이 잘 통하게 해요.

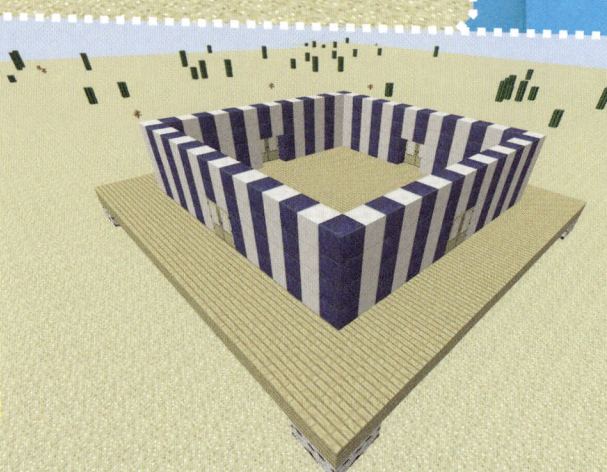

3단계

벽에 창문을 많이 달아서 햇빛이 잘 들어오게 해 주세요. 유리판으로 창문을 설치하면, 건물이 덜 네모지게 보일 거예요.

4단계

지붕을 덮을 차례예요! 벽 위에 자작나무 판자로 22×22 크기의 정사각형을 만들어요. 그런 다음 그림과 같이 자작나무 계단과 자작나무 판자를 섞어서 3겹으로 된 지붕을 만들어요.

5단계

가장자리를 따라 자작나무 울타리를 설치해서 기초를 베란다로 바꿔요. 문 하나 정도 공간을 비워 두고, 여기에는 모래사장에서 건물로 올라갈 수 있는 계단을 만들어요.

6단계

베란다에 탁자와 의자를 두어 손님 맞을 준비를 해요. 의자 만드는 방법은 간단해요. 자작나무 계단 하나만 설치하면 되거든요! 탁자는 2개의 자작나무 의자를 거꾸로, 서로 뒷면을 마주 보게 설치하면 만들 수 있어요.

7단계

해변의 집 한가운데에 6×6 크기의 카운터를 설치해요. 카운터 안쪽으로 기둥을 하나 세우고 위로는 발광석으로 조명을 만든 다음, 석영 블록으로 6×6 크기의 천장을 만들어요. 마지막으로 갈증을 달래 줄 수박과 양조대를 카운터 위에 올려 두세요.

전문가의 TIP!

동물 찾기!

바닷가에서는 수동적인 몹을 찾지 못할 거예요. 해변에는 수동적인 몹이 생성되지 않기 때문이죠. 몇 마리 동물과 함께 지내길 원한다면, 크리에이티브 모드 보관함에서 찾아 놓은 스폰 알을 사용해 보세요.

환상의 오스트랄라시아

야외 공연장

난이도
중간

소요 시간
2시간

오스트레일리아에 있는 야외 공연장 '시드니 마이어 뮤직 볼'에서 영감을 얻어 공연장을 지어 볼 거예요. 야외 공연장은 규모가 커요. 쇼와 음악, 연극의 감동을 관객들에게 생생하게 전할 수 있지요. 크리퍼와 좀비, 스켈레톤 기수로 가득 찬 공연장에서 하는 콘서트는 어떨까요? 그런 공연장을 만들어 보세요.

필요한 자재

1단계

부드러운 사암으로 29×15 크기의 기초를 만들어요. 짧은 쪽을 6블록씩 확장한 다음, 각 면에서 한 블록씩 테두리를 넓혀 짧은 쪽이 14블록인 사각형을 기초 아래쪽에 구축해요.

2단계

무대가 될 29×15 크기의 기초만 남겨 두고, 기초 안을 4블록 깊이로 파내요. 부드러운 사암으로 벽을 만들고 참나무 판자로 바닥을 깔아요. 무대로부터 10블록 뒤에 5블록 깊이로 된 3개의 단을 만들어요.

3단계

부드러운 사암으로 세운 벽에 일정한 간격으로 발광석을 설치해, 분위기 있는 벽 조명을 만들어요.

4단계

참나무 계단과 참나무 판자 그리고 윤이 나는 안산암과 석재 벽돌 계단을 이용해, 2단계에서 만든 단을 의자로 바꿔요.

5단계

잔디 블록을 짙은 참나무 판자로 바꾸어 무대를 만들어요. 깜짝 놀라게 할 장면이나 좀비 등을 숨겨 두고 싶다면, 무대에 다락문을 설치하고 그 아래로 비밀 공간을 조성해요.

6단계

참나무와 짙은 참나무 울타리 그리고 발광석으로 무대 조명을 만들어요. 등장인물이 적대적인 몹이라면 조명을 덜 설치하고, 그렇지 않다면 조명을 더 많이 추가해요.

전문가의 TIP!

분장실 제작

가수와 배우, 스태프들이 공연 준비를 할 수 있도록 무대 옆에 상자와 갑옷 거치대 그리고 의자가 있는 분장실을 만들어 보세요.

7단계

부드러운 사암으로 경계선을 만들어요. 좌석 구역 뒤에는 각양각색의 양탄자를 깔아 공연을 보러 오는 수많은 관객들을 수용할 수 있도록 하세요. 꽃을 심고, 보관함에 있는 나무 블록과 나뭇잎으로 나무를 만들어 보세요.

8단계

무대 위에 지붕을 지지할 석재 벽돌 기둥을 세워요. 무대 뒤쪽에는 5블록 높이의 기둥을, 무대 앞쪽에는 20블록 높이의 기둥을 세워요. 그리고 철 블록으로 지붕의 옆면을 만들어요.

9단계

철 블록으로 옆면과 옆면을 이어서 지붕을 덮어 주세요.

10단계

원하는 만큼 발광석을 일정한 간격으로 놓아서 천장 조명을 만들어요. 레드스톤 조명에 레버를 설치해 조명을 만들면, 원할 때만 켜고 끌 수 있어요.

11단계

무대 뒤에 있는 잔디 블록을 3블록 너비의 다이아몬드 블록으로 된 줄로 바꾸세요. 그 위에 신호기를 3블록 간격으로 설치해 멋진 무대 조명을 만들어 보세요.

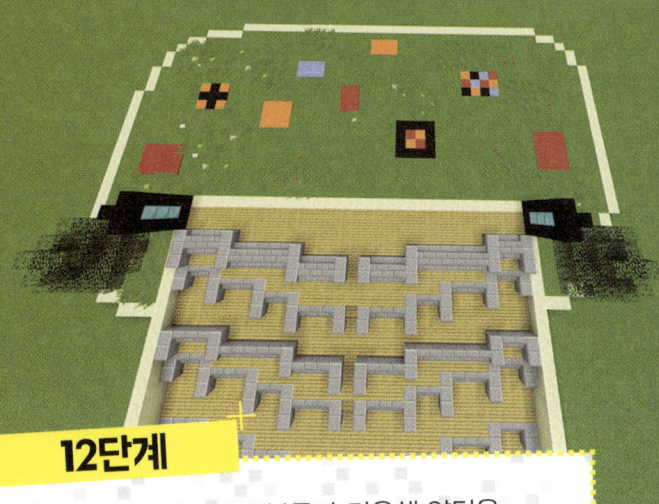

12단계

마지막으로, 다이아몬드 블록과 검은색 양털을 사용해 스피커를 공연장 뒤편에 설치해요. 이제 이 공연장에서 공연할 밴드만 부르면 되겠네요!

전문가의 TIP!

공연 시작 전에?

관객을 위한 멋진 입구를 조성해 보세요. 공연장 바깥부터 무대 앞 좌석 구역까지 이어지는 터널을 설계하면 어떨까요?

환상의 오스트랄라시아
땅속 광산

난이도 전문가　**소요 시간** 3시간

오스트레일리아의 명소 중 하나가 바로 광산이에요. 보석과 원석은 주로 오지의 땅속에서 발견돼요. 이번에는 광산에서 좋은 아이디어를 얻어, 여러분이 선택한 생물 군계의 지하로 들어갈 거예요. 거기에서 건축을 해 보는 거죠. 안전모도 준비된 것 같으니, 일하러 가 보자구요!

필요한 자재

1단계

오스트레일리아의 오지 같은 느낌을 살리기 위해 메사 생물 군계에서 건축하세요. 먼저 윤이 나는 섬록암과 흑요석으로 29×22 크기의 주차장을 만들어요.

2단계

석재 벽돌과 창문을 만들기 위한 유리판 그리고 철문으로 현장 사무실을 구축해요. 참나무 판자로 사무실 바닥부터 깔아요.

3단계

돌 반 블록을 3겹으로 쌓아서 현장 사무실 지붕을 덮어요. 칙칙한 색깔과 단순한 모양을 한 이 건물은 광산에서 일하는 게 많이 힘들다는 사실을 알려 주는 것 같아요!

4단계

횃불과 책장, 참나무 계단으로 만든 의자, 선인장 화분 그리고 곡괭이가 걸린 아이템 액자를 벽에 걸어서 현장 사무실의 내부를 꾸며요.

전문가의 TIP!

놀라운 기술력

석재 벽돌 계단과 그림, 돌 압력판으로 컴퓨터를 만들고, 돌 버튼으로는 마우스를 만들 수 있어요. 노트북은 더 간단해요. 그림과 압력판 하나만 있으면 뚝딱 노트북을 제작할 수 있죠.

5단계

이제 흑요석으로 현장 사무실에서부터 곧게 뻗은 도로를 조성해요. 도로의 폭은 2블록으로 하고 길이는 최소 100블록 이상이 되게 해요.

6단계

지름이 약 45블록인 동그란 모양의 땅을 파내요. 동그란 모양으로 매번 지름을 줄여 가면서 계속 블록을 파내다 보면, 어느새 광산이 생겨요.

7단계

광산 밖에서 광산 안으로 들어갈 수 있게 흑요석 길을 확장해 주세요.

8단계

참나무와 참나무 울타리로 구덩이의 입구를 만들어요. 4블록 너비의 가로대를 만들고 경고 표지판을 설치해요.

9단계

블록 몇 개를 이용해 입구 안쪽에 작은 공간을 만들어요. 참나무로 가로대를 만들고, 천장을 지지할 수 있도록 울타리로 기둥을 세워요. 레일을 놓아 광산 느낌을 내 주고 횃불을 설치해 주변을 밝혀요.

10단계

입구 안쪽 작은 공간의 한구석에 수직 갱도를 구축해요. 횃불을 설치하고 원하는 만큼 깊게 파요.

11단계

수직 갱도를 오르내릴 수 있도록 한쪽 벽에 사다리를 설치해요.

12단계
수직 갱도 아래로 내려와 터널을 뚫어요. 주변을 밝힐 횃불도 설치해요.

13단계
울타리로 벽을 지지하는 기둥을 세우고 참나무로 가로대를 만들어요. 파워 레일을 깔고, 전원을 공급하기 위해 파워 레일 옆으로 레드스톤 횃불을 설치해요. 그리고 마인카트를 그 위에 올려 두세요.

14단계
터널로부터 멀리 떨어진 곳으로 이동해요. 그다음 채굴장을 만들기 위해 블록을 대량으로 없애 주세요.

15단계
레일로 채굴장과 터널을 연결해요. 벽에 있는 블록을 다이아몬드 원석으로 바꾸어, 이걸 캐야 한다는 단서를 마련해 주세요.

전문가의 TIP!
전부 다 내 것!
광산에 이름을 붙여 보세요. 현장 사무실 바깥에 금 블록과 다이아몬드 블록으로 조각상을 만들고, 철창으로 높은 울타리를 설치해요. 이건 다 여러분 거예요!

기운 넘치는 아메리카
신대륙에서 펼치는 도전과 모험

건축물이 말을 할 수 있을까요?
도시가 휙 사라질 수 있을까요?
아메리카 대륙에서라면 가능할 것 같군요!
'자유의 여신상'은 우정과 자유, 희망을
상징해요. 페루의 '마추픽추'는 안데스산맥
고지에 있어서 오랫동안 발견되지 않았어요.
아니면 가문비나무가 빽빽한 이른바
메가 타이가 생물 군계의 산속에 있어서
발견되지 못한 것일 수도 있고요.

《 푸른 꿈의 공간 》

캐나다의 보우강은 마인크래프트의 메가 타이가
생물 군계 같아요. 이 평화로운 곳에 통나무집이나
거대한 도시를 세워 보는 건 어떤가요? 여러분의
상상력을 맘껏 펼칠 수 있는 충분한 공간이
있어요. 다양한 건물을 조화롭게 세워 보세요!

전문가의 TIP!

차근차근!
아메리카 대륙에는 세계에서 가장
큰 도시와 상징적인 스카이라인이
있어요. 아메리칸 스타일로 마인
크래프트에서 건축하는 건 시간이
꽤 걸려요. 먼저 도로를 깔고 길을
따라 건물을 하나씩 지어 보세요.

《 건축 전문가 》

고대 잉카 문명이 어떻게 돌을 옮기고 깎아 마추픽추를 건설한 것인지 아직도 수수께끼로 남아 있어요. 우리가 알 수 있는 사실은 단지 그 당시 살았던 사람들의 건축 기술이 뛰어났고, 도시의 풍경을 직접 만들었다는 것 뿐이에요.

《 바구니 건물 》

미국 오하이오주에는 바구니 모양의 7층짜리 건물이 있어요. 바구니 회사의 사옥이에요. 생활 속 물건에서 엉뚱한 아이디어를 찾아보세요. 마인크래프트 속에서 밝은 색깔이 입혀진 수많은 양털 블록들이 여러분의 솜씨를 기다리고 있어요!

TurkeyMiner 작품

전문가의 TIP!

몹 복제?

자신이 좋아하는 몹이나 마인크래프트 속 말 위에 앉아 있는 존경할 만한 인물을 조각상으로 만들어 보세요. 세세한 부분을 잘 표현하려면 조각상을 크게 만드세요!

《 따뜻한 미소로 환영을 해요! 》

어머니의 얼굴에서 영감을 받아 제작한 자유의 여신상은 뉴욕에 처음 방문한 사람들을 반갑게 맞이해 줍니다. 여신상의 왕관에는 7개의 대륙과 대양을 상징하는 7개의 뾰족한 장식이 있고, 발에는 자유를 상징하는 부서진 사슬이 있어요. 이 동상은 여러분에게 무슨 말을 하고 싶을까요?

기운 넘치는 아메리카
미국식 식당 》

난이도 쉬움　　**소요 시간** 1시간

감자튀김과 초콜릿 밀크셰이크, 치즈버거를 안 좋아하는 사람은? 패스트푸드를 잔뜩 먹기에 가장 어울리는 곳은 1950년대 스타일의 미국식 간이식당, 일명 '다이너'예요. 평범한 장소에다 식당을 짓고, 친구들이 와서 놀 수 있도록 자유롭게 설계해 보세요.

필요한 자재

1단계
먼저 26×52 크기의 바닥을 깔아요. 석영 블록과 석탄 블록으로 체크무늬를 만들고, 그림처럼 빨간색 양털로 테두리를 만들어 줘요.

2단계
그림처럼 빨간색 양털과 석영 블록 그리고 유리판으로 바닥의 가장자리 위에 벽을 세워요. 그런 다음 철문 2개로 입구를 만들어요.

3단계
철 블록을 3겹으로 쌓아 지붕을 만들어요. 그림과 같이 모퉁이는 둥글게 처리해요.

4단계
입구 위에 빨간색 양털과 석영 블록으로 간판을 만들어요. 간판의 가장자리를 따라 발광석을 설치하면 밤에도 빛나요!

5단계
안산암과 윤이 나는 안산암으로 식당 밖에 주차장을 만들고, 석영 블록으로 주차선을 그어 주세요.

6단계
식당 안으로 들어와서 그림처럼 빨간색 양털과 석영 계단, 석영 반 블록으로 앉아서 식사를 할 수 있는 자리를 만들어요. 그리고 천장의 가장자리에 발광석 블록을 설치해요.

7단계
식당 가운데에 철 블록과 석영 블록으로 그림처럼 카운터를 만들어요. 그 주위에 석영 계단으로 의자를 만들어요. 카운터 안에 불타는 화로와 양조대를 설치하면 완성됐어요!

전문가의 TIP!

가게 이름은?
식당에 이름을 붙이세요! 식당 상호를 새긴 간판이나 현수막을 건물 앞에 설치하는 거죠.

기운 넘치는 아메리카

붉은 현수교

난이도 중간
소요 시간 2시간

마을을 만들려면 건물과 땅을 연결해야 해요. 도로와 다리를 설계하면서 여러분의 건축 실력을 마음껏 자랑해 보세요. 옆의 다리는 강에 세운 거예요. 미국 캘리포니아주에 있는 '금문교'에서 힌트를 얻어서 만든 거랍니다.

필요한 자재

1단계

다리 길이는 59블록쯤 될 거예요. 여러분이 선택한 생물 군계의 강이 길면 길수록, 거기에 어울리는 규모의 다리를 만드는 데에도 많은 시간이 걸려요.

2단계

강 건너편으로 이어지는 길을 수면으로부터 10블록 위쪽에 빨간색 양털 블록으로 만들어요. 길이는 59블록, 폭은 7블록, 높이는 1블록이 되게 하세요.

3단계

다리의 기초 위에 하얀색 양털 블록으로 중앙선을 만들고, 회색 양털 블록을 중앙선 옆에 2줄씩 깔아 도로를 정비해요.

4단계

다리의 양 끝에 빨간색 양털 블록으로 높이 35블록의 기둥을 세워요. 반드시 다리의 끝으로부터 7블록 떨어진 곳에 세워야 하고, 수면으로부터 11블록 위에서 다리의 기초와 만나게 하세요!

5단계

다리의 중앙(다리 양 끝으로부터 30블록째 떨어진 곳)에 빨간색 양털 블록으로 35블록 높이의 기둥을 2개 더 세워요.

6단계

지금까지 만든 기둥의 폭이 3블록이 되도록 기둥의 양옆에 기둥을 한 줄씩 더 설치해요.

7단계
옆의 그림처럼 기둥과 기둥 사이에 가로 막대를 이어 주세요.

전문가의 TIP!
멋진 효과
연결 막대를 더 멋지게 보이게 하려면, 각 모서리에 블록을 설치해서 휘어진 듯한 효과를 주세요. 건축엔 디테일이 아주 중요해요.

8단계
이제 다리 아랫부분에 대각선을 만들어 보세요. 그림처럼 지그재그 모양으로 다리 양옆에 10개의 대각선을 만들어 줘요.

9단계
그림과 같이 3개의 기둥 사이에 울타리로 2개의 거대한 아치형 지지대를 만들어요. 그다음 다리의 양 끝에 울타리를 설치해 디테일을 더해 주세요.

전문가의 TIP!
곡선이 멋진 다리 만들기
다리 양 끝의 지지대를 실제처럼 곡선미 있게 만들고 싶다면, 도로를 연장해서 더 많은 공간을 확보하세요.

10단계

다리를 더 강하게 만들기 위해 그림처럼 다리의 기초 아래, 기둥과 기둥 사이에 블록 10개를 설치해 수위선을 만들어요.

11단계

이번에는 석재 벽돌과 석재 벽돌 계단을 사용해서 기둥의 기초 6개를 만들어요. 기초는 강바닥까지 닿도록 해야 해요.

12단계

마지막으로 다리에 조명을 설치해요. 레드스톤 조명과 레버를 사용해 일정한 간격으로 도로의 좌우와 다리의 기둥에 조명을 만들어 주면 튼튼한 현수교 완성!

기운 넘치는 아메리카
고지대 공중 도시

난이도	소요 시간
월드 클래스	5시간

이번에는 마을을 조성하기 위한 고지대가 필요해요. 가파르지 않은 아주 넓은 언덕을 찾아요. 잉카인들이 마추픽추를 어떻게, 얼마나 오랫동안 지었는지 알 수 없지만, 건축하기 전에 멋진 풍경의 장소를 준비해야 한다는 건 알아요. 간간이 쉬어 가면서 공중 도시를 완성해 보세요!

필요한 자재

1단계
먼저 산비탈에 단을 6개 만들어요. 단의 너비는 50블록, 깊이는 10블록, 가운데 단의 너비는 40블록이 되게 해요. 단과 단의 높이는 2블록이 되게 하고요.

2단계
마을을 보호하기 위해 가장자리에 조약돌로 담장을 세워요. 높이는 5블록, 100×50 크기의 직사각형 모양으로 마을의 가장자리를 따라 조약돌을 설치해요.

3단계
마을의 정중앙에 조약돌과 석재 벽돌로 13×13 크기의 광장을 만들어요. 동심원 모양이나 대각선 같은 독특한 문양을 디자인해 보세요.

4단계

조각상이나 분수대를 만들어 광장을 완성시켜요. 이 분수대는 자작나무 울타리와 흐르는 물로 만들었어요.

5단계

마을 담장 중앙마다 입구를 만들어, 입구가 총 4개가 되게 해 주세요. 입구 폭은 3블록이 되어야 해요.

6단계

자갈로 각 입구에서 마을의 중앙 광장까지 이어지는 길을 만들어요. 길의 폭은 입구 폭과 같은 3블록이 되게 해요.

7단계

방금 만든 넓은 길을 가로지르는 작은 길을 만들어요. 넓은 길과 직각을 이루어야 하고, 길의 폭은 1블록이어야 해요.

8단계

석재 벽돌로 마을 담장의 모퉁이에 탑을 만들어요. 탑의 높이는 담장보다 더 높아야 하는데, 위에서 봤을 때 9×10 크기의 직사각형 모양이면 돼요.

9단계

가문비나무 판자로 각 탑의 꼭대기에 바닥을 깔고, 자작나무 판자로 지붕을 만든 다음 가장자리를 따라서 자작나무 울타리를 설치해요.

10단계

탑 안으로 들어와 나선형 계단을 만들어요. 첫 번째 계단은 벽으로부터 한 블록 떨어진 곳에 설치해요. 너비는 2블록으로 해요. 모퉁이를 도는 부분마다 가문비나무 판자를 설치해 층계참을 만들어요.

11단계

1층에 검이나 활이 걸린 아이템 액자와 침대, 상자, 횃불 그리고 탁자를 만들기 위한 피스톤을 설치해 경비실을 만들어요. 철 갑옷 세트와 사슬 갑옷 세트가 걸린 갑옷 거치대를 세워 경비실을 마저 꾸며요.

12단계

마을 담장의 가장자리를 따라, 이제 작은 집 12채와 방이 2개인 큰 집 4채의 벽을 만들어요. 각 집마다 가문비나무 판자로 바닥을 깔아 주고 문과 창문을 설치할 공간을 남겨 둬요.

13단계

자작나무 판자로 각 집마다 지붕을 만들어 주세요.

전문가의 TIP!

대화 나눌 탁자

피스톤을 사용하면 완벽한 탁자를 만들 수 있어요. 자작나무 의자 옆에 표지판을 설치해 팔걸이가 있는 의자를 제작해 보세요.

14단계

작은 집 안에는 가문비나무 문과 유리판으로 유리창을 달아 주고, 침대와 상자, 탁자와 의자, 화로와 제작대를 설치해요. 화로와 제작대 사이에는 자작나무 판자로 선반을 만들어 줘요. 이렇게 하니 꽤 아늑해졌네요.

15단계

큰 집에서는 생활 공간과 취침 공간을 분리할 수 있어요. 가구는 작은 집에 갖춘 것처럼 설치하되, 공간이 넉넉하니 침실에는 큰 침대와 갑옷 거치대 2개 그리고 양탄자도 설치해 보세요!

16단계

마을의 모든 집 안에 일정한 간격으로 횃불을 설치해요. 각 집의 양탄자나 침대 색깔, 가구 배치 등을 달리 해서, 건물의 내부가 서로 다른 것처럼 보이는 효과를 내세요.

17단계

자작나무 울타리를 써서 마을의 일부를 동물 농장으로 만들어 보세요. 잔디 블록을 가마솥으로 바꾸고, 그 안에 물을 채워서 동물들이 물을 마실 수 있게 해요. 그런 다음 돼지나 양, 소와 말 등을 풀어놓아요!

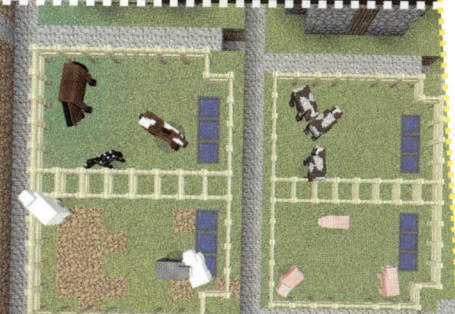

18단계

마을의 또 다른 일부를 농장으로 바꾸어 보세요. 호박, 수박, 밀 씨앗, 사탕수수, 감자, 당근 그리고 사탕무나 여러분이 좋아하면서도 마인크래프트에 존재하는 다른 채소들을 맘껏 심어 보세요.

19단계

마을에 놀이터를 조성해 보세요. 또 묘목과 직접 만든 나무, 민들레, 양귀비, 자작나무 계단으로 제작한 벤치가 있는 공원도 만들어 보세요. 삽으로 잔디 블록을 우클릭하면, 잔디 블록을 길 블록으로 바꿀 수 있어요.

20단계

경우에 따라서, 공원에 작은 사원을 세워 보세요. 조약돌과 이끼 낀 조약돌 그리고 이끼 낀 석재 벽돌을 섞어서 구조물을 만들고 그 가운데에 화분을 놓아요. 그리고 이곳을 찾아올 때마다 꽃을 심는 거예요.

21단계

공간이 있다면, 석재 벽돌로 상점을 지어 보세요. 양털이나 케이크, 과일은 물론 보관함에 있는 것이라면 뭐든지 팔 수 있죠! 각 상점마다 자작나무 판자로 만든 판매대와 상자를 많이 설치해 두세요.

22단계

자작나무 울타리로 만든 기둥 위에 발광석을 설치하고 다락문으로 둘러싸 가로등을 만들어요. 발광석 대신 레드스톤 조명을 만들었다면, 조명 위에 레버를 설치해 등을 켜고 끌 수 있어요.

23단계

마을 광장 주변에 재미있는 공간을 조성해 보세요. 보트가 띄워져 있는 연못이나 작은 미로, 앉아서 쉴 수 있는 평온한 쉼터 같은 것도 좋겠죠?

24단계

마지막으로, 입구에 가문비나무 문과 자작나무 울타리를 설치해서 마을을 안전하게 만들어요. 또 횃불을 많이 설치해 두면 공격적인 몹으로부터 보호할 수 있어요!

전문가의 TIP!

놀라운 다락문

다락문으로 멋진 조명을 만들 수 있어요. 또 고풍스러운 창문이나 격자 모양의 벽, 위아래로 열리는 비밀 문을 만드는 데에도 사용할 수 있지요.

용어 사전

《 가로대 》 출입구나 창문 윗부분을 지지하는 거예요.

《 몹 》 영어 'Mobile'의 줄임말인 몹은 마인크래프트에서 움직이는 개체를 뜻해요.

《 보관함 》 도구와 블록, 기타 마인크래프트 아이템을 꺼낼 수 있는 팝업 메뉴로, '인벤토리'라고도 해요.

《 지구화 》 지구와 비슷한 환경으로 건설하거나 만드는 것으로 다른 말로 '테라포밍'이라고 해요.

《 지름 》 원의 한쪽에서 다른 쪽까지 중심을 가로지르는 직선 거리예요.

《 총안 》 성벽 위에 설치하는 들쭉날쭉한 톱니 모양의 구조물을 뜻해요.

모드

모드별로 다 개성 있지만 새로운 모드를 내려받을 때 위험이 따를 수 있어요. 위험을 최소화하여, 기기를 보호하고 즐겁게 게임하는 방법은 아래와 같아요.

팁

》 모드를 사용하기로 결정하기 전에 후기를 읽어 보세요. 후기가 많고 긍정적인 의견이 많다면 좋은 모드일 확률이 높아요!

》 많은 사람들이 내려받은 모드만 내려받으세요.

》 모드를 설치하기 위해 마인크래프트의 버전을 낮춰야 할 수도 있어요. 보통 마인크래프트 1.7.10 버전에서 대부분의 모드를 사용할 수 있어요.

참고하세요!

》 거대한 청크 안에서 건물을 대신 지어 주는 모드를 찾아보세요. 건축에 걸리는 시간을 단축해 주고 엄청 큰 건물도 아주 빠르게 지을 수 있게 해 주는 정말 유용한 모드가 존재해요.

》 몹이나 블록, 지형을 추가시켜 주는 모드 외에 똥을 추가시켜 주는 모드(실제로 존재해요!)도 찾아보세요. 이런 모드를 사용해 자신이 원하는 대로 지형을 꾸며 보는 거예요.

》 여러분에게 도움을 주는 모드를 찾아보세요. 건축하고 있는 곳의 지도를 보여 주는 모드와 적대적인 몹이 다가오면 경고를 해 주는 모드가 있어요.